U0141974

思 憶 症

劉 正 偉 著

文史哲詩叢之三十八
文史哲出版社印行

國家圖書館出版品預行編目資料

思憶症 / 劉正偉著. -- 初版. -- 臺北市 : 文史哲
, 民 89
面 : 公分 - (文史哲詩叢 ; 38)
ISBN 957-549-296-x (平裝)

851.486 89009498

文史哲詩叢

思憶症

著　者：劉　正　偉
出版者：文　史　哲　出　版　社
登記證字號：行政院新聞局版臺業字五三三七號
發行人：彭　正　雄
發行所：文　史　哲　出　版　社
印刷者：文　史　哲　出　版　社
臺北市羅斯福路一段七十二巷四號
郵政劃撥帳號：一六一八〇一七五
電話 886-2-23511028 · 傳眞 886-2-23965656
實價新臺幣 二〇〇元
中華民國八十九年七月初版

版權所有 · 翻印必究
ISBN 957-549-296-x

綠蒂序

劉正偉是一位質樸誠摯的青年詩人，他有文學天份而且刻苦用功，他在文協的新詩研究班，每週往來於桃園台北之間，風雨無阻，讓我感到欣慰。因為台灣有這麼多青年詩人努力不懈，我深信新詩的前途是光明而燦爛的。

收輯於這冊〈思憶症〉詩集的七十八首小詩，宛如七十八朵美麗盛開的花朵，讓我愛不釋手，賞心悅目，這是作者精心培育灌溉成長的花圃。

其作品詩意濃郁，觀察細微，他的〈少年心事〉詩稿，充分流露他對人生的深邃觀感。

傍晚，踽踽獨登虎頭山
沒有春風推動的步履沉如石階
只有一對白頭翁在枝頭竊竊私語
去年的楓紅還在淌血
從山頭一路流洩溪谷
山頂菅芒花的煩惱

白了早秋少年頭

其中也收錄不少對新世紀的期望和生命探索的詩作（輯二　流）；對於情感的體會與記憶的收藏（輯三　關於收藏）；對於地震的體驗與關懷（輯四　餘震）；以及對社會的諷刺批判與觀察（輯五　檳榔西施）；和對自我生命的期許（輯六　我最後的歌）等，都值得吾人深入去觀察與省思。

例如：〈檳榔西施〉

三宮六苑七十二嬪妃三千粉黛
都化作一條條火辣辣的
　美人魚
清涼的游著
悠然地闖進現代
無水的玻璃水族箱
箱外一雙雙食人魚眼睛
貪婪的啃食著

詩貴手美，這是不可忽視的問題。杜甫的「兩個黃鸝鳴翠柳，一行白鷺上青天，窗含西嶺千秋雪，門泊東吳萬里船。」美感盈溢。中國新詩自五四以來，不少詩人繼承優美的傳統，寫出美的風格詩作，劉復的〈教我如何不想她〉即是一例。劉正偉的〈憶十四行〉，實屬可圈可點，隨手俯拾儘是佳美之句：

杜鵑泣血，抖落一地楓紅
掩飾深秋踽踽的小徑
西風揚起，傳遞古道窸窣的鄉音
那是妳遠颺的步履，我輕傷的悲鳴

我對於新詩的前途，一直持有樂觀的看法。因為新一代詩人熱情奔放，創作毅力十足，長江後浪推前浪，這是難以阻擋的時代潮流，我期待正偉有更成熟的作品，更期待將臨的新世紀，新詩將有偉大的豐收。

中國文藝協會理事長 **綠蒂** 于二〇〇〇年文藝節

衣帶漸寬終不悔

——劉正偉著《思憶症》讀後

藍雲

〈一〉

人生在世，各有所好。有人好名，有人好利，有人好色……詩人所好則在詩。

詩人並非絕對超塵脫俗，不食人間煙火者，而同常人一樣，也具有七情六慾，甚至其情感較諸一般人更豐富。但是詩人對情感的處理，除了一般人常有的方式外，更有非同等閒的表現，即將其情感昇華，藉諸寸管（如今大都改用電腦鍵盤）化為一篇篇動人的詩章。放眼古今中外，無計其數的詩篇，或詠史實，或言哲理，或狀寫景物，莫不有其詩人的情懷寄寓其中。而純粹抒發個人情感的抒情詩，更是一種充份表現詩人情意的語言，最能扣人心弦，引起共鳴。這也是抒情詩之所以成為詩中主流之原因，而成為詩人從事詩的創作最習見的一種作品。

〈二〉

青年詩人劉正偉，雖然在詩的路上起步不久，但是由於他具有詩人的稟賦，自始即在詩的領域中表現出它的俊逸雄姿，讀者不時可從各大詩、報刊看到他發表的作品。近承以其即將出版的處女詩集《思憶症》的影本見示，不但讓我有先睹為快的欣慰，也讓我這個虛長他不少年歲的老朽感到十分艷羨，而不禁暗自讚嘆：真乃後生可畏也。

從這本詩集中大部分發表的時間來看，都是完成於最近一兩年。在這麼短的時間內，能有這樣豐碩的成果，足見其創作力之充沛。至於對其作品的評價，也許見仁見智，每個讀者會有不同的看法；不過就一個新秀而言，其表現，可說已是相當難能可貴，有些作品較諸某些詩壇老將的並不遜色。在詩的創作方面，不同於其他技能或學術研究，所謂資深或年長者不一定優於後晚輩。劉正偉的詩齡雖淺，其作品則顯然是相當「早熟」，而令人刮目相看。

〈三〉

劉正偉的這本首度問世的詩集，一如其他青年詩人的作品，大都以抒情見著。不過，其表現方式，卻有他獨特的風格。就我讀後的印象而言，他的詩至少有如下幾點特色：

一、情感婉約，筆觸細膩

「人非木石，孰能無情」，尤其是詩人的情感特別豐富。有些人的情感外露，顯得豪放不羈；有些人則情感內斂，顯得溫文爾雅。詩人將其情感形諸於詩中時，豪放者，筆端大都情溢乎辭；溫雅者，則蘊藉婉約，筆觸細膩。劉正偉的詩，應屬於後者。且看他作為書名的主題詩中的〈憶十四行〉：

妳遺落的髮梢，殘留著夏末
野薑花的馨香
凋謝的形影搭上西逝的流水
在波峰間追逐的快馬

杜鵑泣血，抖落一地楓紅
掩飾深秋踽踽的小徑
西風揚起，傳遞古道窸窣的鄉音
那是妳遠颺的步履，我輕傷的悲鳴

即將埋葬的世紀末星空
獅子座的眼裡
曾經有妳閃耀的靈魂
照亮我黯淡的旅途
如今，我馱負著冬眠的星空
獨自踏上另一個歸程

這首詩中的「妳」像個謎，不知究竟何所指（也許是曾經愛戀的某個人；也許如其代序所述，是他所鍾情的繆斯），但他所表現出來的那種帶有「輕傷的悲鳴」，卻是十分動人的。

二、眼光敏銳，觀察入微

詩人較一般人來得敏感，不但是其心，也是眼睛，故能見人之所未見。一般人習以為常，視若無睹的事物，詩人卻能從其中發現無窮的奧秘。從劉正偉的詩裡，我們更可以透過他的眼睛看到生命的本相，例如他的〈生活所見〉：

沉默的蜘蛛
一輩子離不開灰白的網
生也是這片天空

死也是這點空間
只有迷惘的蝴蝶想逃離這步步陷阱
而露水，只是點綴風景的失足過客

這片陰影
奪走絢麗的色彩，也籠罩著
我的視界

雖然他說自己的視界為陰影籠罩，但他不僅看見有的人像蜘蛛「一輩子離不開灰白的網」，更洞燭了這塵世間的「步步陷阱」，要人們警惕，以免像露水般，成了「失足過客」。

三、內容深刻，富有哲思

一首詩，不論表現手法如何，若內容空洞，再怎麼玩弄技巧，標新立異，讓人看得眼花撩亂，不過是變魔術般，能瞞得了多少人？真正值得欣賞的詩，應該是內容深刻，而能給人啓發，令人感動，引人深思的詩。劉正偉的這本初顯身手的詩集，雖不能說篇篇都是擲地有聲之作，卻有不少含金度相當高的作品，例如〈油麻菜籽〉：

生來就是這種宿命
死後成爲春耕材料
至少
春天來臨前讓我
在這無聊的田地裡
揮灑一些顏色吧！

我的從容不讓
黃花

像這樣沒有耍什麼花俏，也不故弄玄虛，平平實實寫就，卻能入木三分的詩句，把一個出身寒微的小人物，甘於默默奉獻，而又能自我肯定的精神刻畫出來，讓人讀後不禁還想再讀一遍，較諸那些讀了一句就不想再讀，或雖讀完卻不知所云的詩，不是更有價值嗎？

甚至還有一首被日人翻譯成日文在日本《青的地球》季刊轉載，同樣也是平實的文字，卻充滿哲思——〈釣蝦場裡的對話〉：

你、你、你、、、
不要拿我的生命開玩笑

我、我、我、、、
　只是來打發時間

你、你、你、、、
你的歲月不要在我的生命裡掙扎

當然，就一個才開始寫詩不久的青年詩人來說，其作品不可能沒有瑕疵（即以當今那些所謂名家的作品而言，完全無懈可擊的又有多少呢？），例如有的文字尚欠精鍊，有的結構不夠完整。我相信只要作者肯孜孜不倦，繼續不斷地努力以赴，必將有登峰造極之日。而我如猜測得不錯，作者在這本詩集的主題詩組之三〈症〉的末句所說：他對繆斯，已「患了無可救贖的思憶症」，而「溺陷」其中難以自拔。如果真有這種「衣帶漸寬終不悔」的執著，相信有一天，「驀然回首，伊人卻在燈火闌珊處」的喜悅之情，也將是無可言喻的。

寫吧，正偉！不斷地寫，寫出更多更好的詩來，我深信你有此能耐。

乾坤詩刊發行人　**藍雲**　于二〇〇〇年四月二十日

我爲繆斯灌溉的花園（代序）

繆斯啊！謝謝妳。在我孤獨寂寞、生命最冷的時刻，費心的和我談一場戀愛。

雖然我不知道這場戀愛何時結束，或許沒有結束的時候。因為在那愛戀剎那的瞬間，已綻放出永恆的花朵。因為愛過，所以我會在心裡的某個角落，挪出一些空間記憶體，以儲存我的思念，並時常帶它出來散步。

這片名為「思憶症」的小花圃，栽種著我對妳的七十八種思念和妳走後的胡思亂想，雖然妳不常離開太久。我把花圃開在妳常經過的路旁，讓妳時常看到而想念我，希望妳喜歡。也希望妳的情人們，都喜歡。

我也要謝謝那些有經驗的老園丁們，如果沒有他們的教導與引領，我將不知如何培育優良的品種；更不會知道要如何栽種愛苗，灌溉詩念，讓它茁壯成長，在妳家花園。

繆斯啊！我不知道妳是否還眷戀著我，但我相信，我仍會繼續在妳家花園裡，播種詩想的種籽，用心灌溉、去蕪雜草，培植各種奇花異果，來討妳歡心；並排遣，我的孤獨。

思憶症 目次

《輯三》 關於收藏

《輯四》 餘震

《輯五》 檳榔西施

《輯六》 我最後的歌

《輯一》思憶症

思十四行

昨夜，當妳走過夢境邊緣
我竟忘記，請妳進來坐坐
特意的遺忘，只因
被震碎的中心區
再無妳歇息停駐的角落
風起的時候，我拒絕關窗
昨夜淋溼的心情，迫切需要風乾
碎裂的峽谷等待填補
蒼黃的風砂或者，滾燙的海潮
月亮遺忘了約定，唯恐
永恆易解，而黑夜太長
愛情太短，而遺忘太難

陳述想妳時的意境，是我
窗外紛飛的雨絲

憶十四行

妳遺落的髮梢，殘留著夏末
野薑花的馨香
凋謝的形影搭上西逝的流水
在波峰間追逐的快馬

杜鵑泣血，抖落一地楓紅
掩飾深秋踽踽的小徑
西風揚起，傳遞古道窸窣的鄉音
那是妳遠颺的步履，我輕傷的悲鳴

即將埋葬的世紀末星空
獅子座的眼裡
曾經有妳閃耀的靈魂

照亮我黯淡的旅途
如今，我馱負著冬眠的星空
獨自踏上另一個歸程

症十四行

全世界都清醒的時候
唯我獨醉
微醉於拂面而逝的薰風
沉醉於和煦的陽光初吻
溺陷於飛瀑清泉的擁懷

從冥冥的星空中出發
去找尋
前世無緣的相逢
一次悲愴的燃燒，足以
穿越永恆的魔障
真心照耀過的永夜，必留下
淺藍色的星軌

在遺世獨立的新晨
對妳，我患了無可救贖的思憶症

《輯二》流

神木十四行——記拉拉山神木

信仰永恆
所以一直堅持站在這裡
看看永恆到底有多久
想望天地有多高厚
所以不停向上探求、向下探索

偶爾有衝動的念頭
就讓落葉隨風去漂泊
偶爾有繁衍的念頭
就讓毬果聒聒墜地去實現
若有蟲鳥的污衊
就有雨淚清楚的還原

你問我永恆有多遠
我還沒有找到答案，仍在追尋
你說永恆到底有多遠？

——勁報副刊 八十八年十二月廿四日

煙火——記千禧年台北的第一個夜空

千禧年的第一個夜晚
以一種勁爆的姿態，俯視
這城市渾沌的天空
瞬間，黑色盲流噤聲無語
光流停止騷動，靜止
凝然以一種永恆的姿勢
定格，在城市漆黑的膠卷上

寂寞的淡水河夜空
綻放著一朵朵燦爛的音符
流瀉著卡門優雅的樂章
所有慎重的儀式，是我
一生唯一的一次表白

只為妳
傾吐

——勁報副刊　八十九年二月一日
——葡萄園詩刊一四五期　八十九年二月十五日

傾——記阿里山神木的葬禮

三千年來的每個夜晚
漂亮的星星皆來邀約出遊
晶瑩的星光綴滿髮梢
漫天歡喜投映在姊妹潭心
餘波蕩漾

有一天譴的暴雨日
忌妒的雷神
劈斷他攀向永恆的美夢
獨留孤傲的身影等待黑夜降臨
守候告別的諾言
仆向土地心臟的時刻

終於，年輕的人們帶來鏈鋸
放倒三千歲的老翁，推他獨向永恆
當晚星空無語，全島默然
只下了一場雨
世紀末最大的流星雨

問

乾燥花的生命，
終能艷麗不朽？
斷了線的風箏，
終能一直逃亡？
悲情的小雨，
終能盡情飄著？
流浪的雲啊！
何處是你歇腳的街亭？

——葡萄園詩刊一四六期　八十九年五月十五日

生活所見

沉默的蜘蛛
一輩子離不開灰白的網
生也是這片天空
死也是這點空間
只有迷惘的蝴蝶想逃離這步步陷阱
而露水，只是點綴風景的失足過客

這片陰影
奪走絢麗的色彩，也籠罩著
我的視界

——乾坤詩刊第十二期　八十八年十月

寂寞公路

世紀末喧囔的高速公路上
每部汽車都朝著自己的終點目標
追風疾馳而去
無視熱情招手的霓虹媚惑
以及冷淡的風雨

平坦大道常有意外
事故和故事
鐵皮包裹著一些孤獨的身影
玻璃阻隔著一顆顆空虛的靈魂
繁華的後現代主義
人心糾纏著

道路蒼茫的盡頭
似遠
還近

——秋水詩刊一〇五期　八十九年四月

創作人生

我是喁喁的蠶
書是精選的桑葉
詩，是我嘔心瀝血的
絲

我老時，請用我精鍊的絲
包裹我的孤獨成
蛹

讓我蛻變成幻化的
蛾
朝歷史的火焰勇敢的
撲去

——乾坤詩刊第十一期 八十八年七月

流

輕輕地，一條生命的小河
在寬廣的土地上
在幽冥的天地間
晃盪，沒有目的
在習慣沒有習慣之後
搜尋，歲月刻劃的深度

——創世紀詩刊一一九期　八十八年六月

只是想

鏟面踢踏的馬蹄聲
不停向前狂奔
我在後面苦苦追趕

只是想
跨上馬背
攬起韁繩
遠近由我決定
快慢由我掌握

只是想
跨上馬背
勒馬回頭

只是想

撿拾遺落在某條街的
那朵玫瑰

只怕
花已枯萎
決定　不去想
讓記憶裡的花朵
永遠鮮活

——秋水詩刊一〇一期　八十八年四月

孤獨者

站在二十一世紀的十字路口
紅綠燈同時閃爍著迷惘
前不見永恆的追尋者
後不見過往的引燈人
斑駁路標模糊了前進的方向
滾滾煙塵矇蔽著遠眺的視界
夢見，傳說中遺世的桃花源
卻遍尋不著渡津的溪口
像一朵漂泊的雲彩
不知將飄往古老的東方情境，或者
南方泰戈爾的理想莊園，或者
追逐西方的前衛浪潮

昨夜有風，在我
蒼茫的太白月光下，獨自，搜尋

諾亞方舟

千禧年第一隻青鳥傳唱過後
千禧蟲災難預言剛剛破碎
或者正要開始

單純的詩人，複雜的社會
滄桑的地球，貪婪的政客
上帝離開兩千年後預言太空梭
將因缺乏油水而一一墜毀
人類即將被溫室裡的洪水淹沒
或者口水

誰是約書亞
誰來解救漂浮的螻蟻

誰能預言諾亞方舟再現
而且保證沒有裂痕，我
只到夢幻，新世界

——創世紀詩刊一二三期　八十九年三月

釣蝦場裡的對話

你、你、你、、、
不要拿我的生命開玩笑

我、我、我、、、
只是來打發時間

你、你、你、、、
你的歲月不要在我的生命裡掙扎

——笠詩刊二一二期　八十八年八月

幸福的定義

關於幸福這檔事
我向年輕的情侶追問
女孩回我以羞赧的微笑

我向中年夫妻探尋
他們勉力向我擠出微笑

我向年老的夫婦求證
他們慈祥的微笑，不語
手牽手，扶持著經過我的面前
留下一對模糊而溫潤的背影

新願

一次大戰的槍聲遠颺了，
二次大戰的砲聲還在滔滔
白髮老者的口中轟隆作響。
烙印在黑白膠卷的殺戮，
持續在腦海迴盪。
柯索伏的相殘還在眼前，
地球在溫室裡民主統一了。

就讓所有的疾病災難殺戮，
都留在醜陋的舊時代吧！
願明晨醒來，
千禧晨曦乍現，
露出新世紀和平的曙光，

人間的天堂不再槍桿林立，
大同的世界不再砲管羅列。
讓白鴿自由的翺翔天際，
從此，天空沒有國界。

歸

一隻倦鳥向落日追問
幸福的涵義

一座面無表情的高山
橫在前面

回首農家
一縷炊煙娓娓道來

《輯三》

關於收藏

水想

有人說妳自天上來
日以續夜，奔流到海不復還
他們在外海以花崗岩築牆
軟禁妳以白色小湖
以鐵棘籬圍護妳最後的貞操
用地雷恐嚇妳驛動的心
以獵槍防範候鳥入侵
帶走妳幽怨的隨想

妳蒸發的淚水，是朵朵
恐懼流泒的白雲
每一朵烙印心中的白雲
卻變成蒼天的監視者

而包圍故土的那片鹹鹹汪洋
月亮指證，那是妳
夢裡溢出的最大一滴鄉愁

夢在擎天崗上

春風吹上擎天崗
孩子在童年的斜坡上翻滾
牛羊漫步在陽光的悠閒裡
啃食著年少的芳草

那朵流浪的雲啊！
是否飄往南方的天空
記得在我青澀的操場停留
只為那場尚未結束的球賽
以及校園那朵初開的玫瑰

隨風遠颺的風箏啊！
可曾回頭看看

我的牽繫，
還有多長？

——笠詩刊二一二期　八十八年八月十五日

霧——浯島印象

春天悄悄演習，躡手躡腳
掩飾緊張的想望
卻關不住風聲
興奮的朝雙乳山，挺進
搜索，妳模糊的心事
攀越溫暖的山坳
卻走不出繁茂的密林
心甘情願陷入無底的深淵
　　成為妳的俘虜

然而，徹夜未眠的美夢
被妳嘮叨綿密的槍砲聲
驅離的，還有

一群鷲弓的候鳥
在兩岸之間

後記：雙乳山，金門一山丘，狀似雙乳而得名。十年前常於霧中在此攻防演習。現值霧季，憶起……

星夜微語

黃昏飄落的綿綿細雨
正是有情天地感動的淚
映化成綺麗的彩虹

將妳想成銀河系裡的織女
而我是人間的牛郎星
當鵲橋未及構成
萬籟俱寂的夜幕降臨
我心已飛上雲端
匍匐前進
追求億萬光年外的妳
仰望妳如珍珠般的淚
一場世紀末最大的流星雨

訴說著一發不可收拾的感動

人間知己難尋
唯有仰望穹蒼
星空中閃爍著的會心一笑

雅棉絮語

浩瀚秋田裡的一朵輕盈棉花
不必自卑，沒有妳
我會在將來的冬季受寒
讓我特別把妳織在胸口
傾聽生命熱情的跳動
感受內在澎湃的思潮
慰撫受創的心靈
探索存在的價值

只有妳能，伴我
度過生命最冷的時刻
縱使山枯水竭，願伴妳同行
越渡寒冬，共迎

溫煦的春陽

——乾坤詩刊第十一期　八十八年七月

垂柳

妳說
我靜像詩意的西湖
而妳輕身一斜
臥成湖面的
　垂柳
春風輕輕撩動
　妳的秀髮
　我的湖心
都隨之
　盪
　漾

——乾坤詩刊第十期　八十八年四月

少年心事

傍晚，踽踽獨登虎頭山
沒有春風推動的步履沉如石階
只有一對白頭翁在枝頭竊竊私語
去年的楓紅還在淌血
從山頭一路流洩溪谷
山頂菅芒花的煩惱
白了早秋少年頭

——笠詩刊二一〇期　八十八年四月

不安的夜晚

蚊子是你派來的偵察機
偵測我血脈奮張的體內
不安的成分

蚊子是你派來的間諜
刺探我熱情翻騰的腦海
背叛的因子

今夜，他摸黑強吻了我
幻想
體內流動的不安
是他的毛病
　你的憂慮

抑是別人的　AIDS
或者是我的　愁

——葡萄園詩刊一四二期　八十八年五月

水

妳柔順的外貌
有時，澄明如鏡
我曾在妳平靜的胴體上徜徉
撫摩那絲絲垂柳，試解風情

偶爾，妳是暴烈女王
掀起的波濤
傾覆我惶恐的小舟
一艘渴望停泊的風帆
無法測量妳愛慾的深度

親愛的，我該如何
攫取妳善變的心

唉！不安定的妳
幾度落淚
幾度流浪

心情

電話不響的午後
提著一枚風箏到花園蹓躂
想放飛
又怕他逃走
不放
只能拎著

——笠詩刊二一二期 八十八年八月

讀我

讀我，不如讀我默默的詩
讀我的詩，不如讀我墨墨的髮
讀我的髮，不如讀我脈脈的眼
讀我的眼，不如讀我火熱的唇
讀我，不如——
不要讀我
妳會醉

噢！達令
莫要掉淚
擔心在我心海漾開
撲向全世界的
海嘯

——葡萄園詩刊一四四期 八十八年十一月

一首未名的歌

踽踽獨行在黃昏的沙灘上，憶起
一個年輕的憂鬱歌手
唱著的一首哀怨的歌曲
曲調裡有苦苦的詠嘆
或許是離別的哀傷的歌，或者是
失戀的音符吧
我著迷著，忘記它的名
只依稀記著
那憂鬱的歌聲裡
有深深的嘆息
一如海灘上擱淺的貝殼裡
也有海風沙沙的輕嘆

走過冬天的海濱
我拾起寂寞的貝殼，投回
深深的海裡

——乾坤詩刊十四期　八十九年四月

關於收藏

夢，趕在晨光前匆匆逃離
卻從另一個星夜中醒來
月亮依然嫵媚如昨
太陽依舊公然昇起
轉動，兀自轉著

我獨自用日記收集時光
以眼睛錄製生活過往
用淚水沖洗歲月傷感
想望的痕跡以皺紋堆疊
然而，親愛的
大雨過後
我拿什麼來收藏，妳

模糊的背影

——刊於葡萄園詩刊一四五期　八十九年二月十五日

城堡

我
曾經
將生命
所有期待
全部的夢想
都以妳為中心
劃築一個個的圓
生死攻不破的圓堡
風雨也撼不動的城堡
任憑妳洶湧激進的海潮
侵蝕夢境邊緣共築的沙堡
共
築
的
沙
堡

決定

夜晚風雨欲來
月亮和妳同時失約
寒風佇立冷嘲的山頭
眨眼的街燈和不再嘆息的夜色
風中依稀有妳的答語

雞啼叫開了黎明
下山吧
滿山的碎葉
就留給昨夜的風雨

——葡萄園詩刊一四四期　八十八年十一月

輕聲告別

有一天，悄悄的我走了
朋友們，請不要傷心哭泣
喧嘩只會引起騷動
讓陽光引領你們到我墓園來
像盛裝赴同學會一般
輕鬆

請讓我悄悄的走
就像我悄悄的來
請你們不要用銀紙收買心安
我討厭銅臭的異味
它奴役了我一輩子
夠了，在另一個世界

我選擇的職業是詩人
不需花錢
只要感動

如果可以，請你們
帶一束我摯愛的香水百合
或一首
你們嘔心瀝血的雋永小詩
容在你們走後仍有
飄渺的花息
和溫馨的詩歌
伴我走過漫漫長夜

初戀情人啊
請妳在夜深人靜時單獨
帶一束深紅玫瑰　和
第一次約會的心情前來

我將化作溫柔的微風
輕輕愛憐妳的秀髮

當妳仰望穹蒼時
我將化作星星
妳會發現最亮的我
正向妳脈脈的訴説
妳可以坐在我身旁皎潔的月光裡
傾吐別後歲月成長的煩惱和喜悅
當妳要離去時
請記得把我遺忘
遺忘在永恆的星河裡

最後
如果發現你們含淚的眼
我將化作微風
把你眼角的感動

輕輕的留下
如果你累了
請記得來找我——
我在天堂
不在地獄

——秋水詩刊一〇三期　八十八年十月

在妳癡情背後

無言的春天，再次
從妳手中悄悄溜走
妳，仍以癡情的眼眸
守望癡狂的夸父
等待未知的疲累
憶起
飄泊在
西風中的承諾

月亮啊！妳是否可曾回頭
望一眼
如妳眼中痴心底
我的眼

《輯四》

餘震

殼的故事

人間踽踽的蝸牛
扛負遮風避雨的重殼
經過一夜劇烈震撼的時空斷層
穿越一點四十七分的時光切片
掃描碎裂過程的影像
赫然發現
老鼠喝光油水的沙拉油桶
脊樑支撐著貪婪掏空的世界
那一夜參加的祭典
螞蟻列隊匆匆爬過的軀殼
曾駐著我的夢想

——乾坤詩刊十三期　八十九年一月

躲避球——震驚記

獨自在宇宙操場上縱橫
游走的星座射手
悠哉地迴旋在，四竄的隕星
黑洞星雲致命吸引力，以及
千禧蟲虛擬的謊言之外
一切都異常平凡，直到
凌晨一點四十七分的一顆
世紀末地球
搖搖晃晃迎面襲來
孤獨的我，竟不知該往何處
躲

失落的精靈

早秋的楓紅和暮秋的菅芒花
同時綻放著，在島國
深情款款的初秋
昨夜，它們同時飄落了
在島嶼劇烈的悲慟過後
無人阻止嫣紅的血淚和早生華髮
同時墜落的心情
二千多個飄逝的靈魂，承擔著
我們貪婪和苦難的罪過
明晨醒來，我們徜徉在
和平世界璀燦的千禧曙光時
我會記得他們——

那一場世紀末最大的流星雨
殞落，在歷史無情的斷層中

餘震

——記九二一大地震在心底的迴盪

突如其來的擺渡者
錯置我們的時空方位
將我們盪到未名的世界
你看多少不安的居住
在地底發出頻頻的怨嘆
二千多個錯愕的靈魂
呼不出的吶喊
擴散成萬倍的悲慟

山漸漸停止傾斜
地面的傷口逐漸彌平
烏雲終究會散去
然而那地底的憤怒
何時平熄？

——創世紀詩刊一二二期　八十八年十二月

《輯五》

檳榔西施

城市速寫

坐在速食店的玻璃裡享受
窗外快感的風景
蛇在馬路上盡情游走
季節風追不上木棉花的飄零
黑金生產趕不上挖掘的速度
忙碌的公車沖著我來
馬路追逐著計程車咆哮
排氣管說的廢話比人們多

我坐成了一座孤島
在鏡面泛動的光流裡努力泅泳
想逃離波濤洶湧的暗潮
驀然發現

這城市
人比路燈寂寞

春

斜風還在
冷冷吹送，嚴冬
狂傲的笑聲
赤膊已久的飄零梧桐
在白色的霧中顫抖
驚蟄過後
遠處傳來一聲，轟然
悶響的雷動
小蟲，青蛙，嫩芽
紛紛探出
頭，劈哩啪啦的向天空
說
說

說

說

說

說

——臺灣詩學季刊第三十一期　二〇〇〇年六月

山花的告白

你們怎麼可以買賣靈魂
那繼承自您正統的血脈，一如
您，來自祖靈的靈魂啊！
我的幼稚何時長成虛擬的支票
砍伐大樹後做成的一張空白

在森林原野，
你可以獵殺一隻無辜的小鹿
而無法擄獲牠狂野的心
你可以囚禁一隻受傷的老鷹
牠不會成為乖馴的寵物

在廣袤的天空下

您怎麼可以叫賣
一顆奔馳山野的靈魂
而你，憑什麼來買？

報紙

站在二十世紀末
國際版的地圖裡
老母雞腳底踩著的角落
川流不息的口水
似乎沒有斷流的跡象
股市曲線
是妳昨日起起落落的心電圖
詩是眾多孤兒之一
在茫茫人海找尋春天
文教版的菜單
只適合煎、烤、煮、炸
社會版殺人
永遠比救的人多

每天，你替社會寫日記
給世界寫回憶錄
而誰？來為美麗島嶼
沉默的大地寫
遺書

——乾坤詩刊十三期　八十九年一月

政客

好想，為他們訂製一付風骨
清瘦的身影
不必餐餐需索油水滋補
無邊的胃口

好想，送他們一根扁擔
讓那些搖擺的身軀
擔一擔
我們沉重的生活
的苦

好想，為台北偉大的政治家們
打造一座斷層上的組合屋

讓高貴的長官們貼近地表，傾聽
地心溫柔的跳動
感受溫室熱情的烘培
以及萬能天父的冷感反應
徹夜享受大自然雨季交響樂章
在鐵皮屋頂上盡情的歡唱

好想，為他們打造一座古羅馬競技場
規則，皆由袞袞諸公律定
儘管用我的熱血當勝利紅酒
用我的頭顱身軀當戰利品
供您們盡性，豪奪
競技

——勁報副刊　八十九年四月二十八日

搜尋

一隻座頭鯨在花蓮外海
向無垠的湛藍，求愛
發出尋偶的音響
那頻率以七點三級的規模
撼動島嶼的傾頹
浩瀚的太平洋回應以靜默
以貝殼空泛的水想

直到百年以後
所有的鯨豚
成就另一類考古學
愛，仍在漁船間擺盪

桃花在雨中哭泣

落葉在風中展翅，
怎知即將一去不返；
桃花在雨中哭泣，
泥濘即將玷污的容顏。
百花在群蜂間亂舞，
無知青春怎堪如此揮霍？

玫瑰在高腳杯旁落淚，
泣訴杯底消逝的年華。
誰懂？暮秋的蘆花心事，
只好從淡水河畔一直白到南方故鄉的溪口。

——中央副刊　八十八年十月廿七日

北京故宮所見

往故宮高城一站
炙燙的熱潮湧上胸口
浩大的明清皇朝御前風景
全都攤在我的面前

銅獅震懾著古老的歲月
石龜也熬成了古物
金碧輝煌的琉璃宮殿簷廊
炫耀著昔日璀燦的光芒
我的足跡上了宮前的階梯
再也下不了歷史的台階
只有後宮庭園角落的老松

在冬風中微顫著斷枝
緊閉雙唇一語不發，繼續
寫他的歷史

樹之寓言

一座森林揉成一團紙
再舒展，已不見草原
一棵棵蔥綠在紙簍裡倒下
不復記憶的存在著
無人關江的消逝
古老蒼松祇愛黃山
孤傲的斷崖
唯一可以瀟灑的所在

而森林，翠綠的容顏
誰？壓榨你蒼白的回憶
鏈鋸的聲響
在慘白的空間裡抖動

在腦門邊吶喊
如你在空谷倒下時的迴響

茅房裡驚見
一座座土石流狂洩而下
那嘩啦啦的快感
不知是誰得意的笑
啊！上帝的？地球

活著，只為俯瞰
這世界
一座蒼涼的荒原

檳榔西施

三宮六苑七十二嬪妃三千粉黛
都化作一條條火辣辣的
　美人魚
清涼的游著
悠然地闖進現代
無水的玻璃水族箱
箱外一雙雙食人魚眼睛
貪婪的啃食著

——笠詩刊二一〇期　八十八年四月

紅酒

醞釀的成熟季節
帶著純正血統的妖艷
波爾多新娘
遠渡重洋到異鄉
賣弄萬種風情
米酒、高粱、竹葉青
都不敵妳的風騷
只有冷靜的紙鈔肖像
被PUB桌上杯光交錯
溢出的落紅濺到
卻呼不出一句
澀

——葡萄園詩刊一四二期　八十八年五月

菸樓

曾經，高高撐起南島一片天
高聳的窗口，一如
君臨天下的城堡，俯視
浩瀚菸田裡的子民
等待，收割季節的朝貢儀式
那豐收的心情，我要
依依向天空傾吐

如今，城市裡的人們總愛用
洋人的ㄇ吻、姿勢，優雅的
吞吐著高檔的舶來心事
抱怨我古樸的土地、蒼老的身軀
再也吐不出一句好話

他們只願傾聽，憂鬱的
高檔的舶來心事

關於水庫

他們要來，我默然無語
關於黃蝶谷的寓言，只是
另一樁千古奇案，屬於蝶類
避秦傳說的世外桃源事件
與匆忙的人類無關
關於生態與建設的口水論戰
與個人生存無關，我沒有意見
假如我在天堂
口水淹沒不了天空

只要趕在地牛翻身前
大水淹至墓塚之前
將我的墓碑寄放在諾亞方舟

至於建不建這檔，小事
您們無須警告，我
不敢有意見

肉骨茶面

口蹄疫氾濫成災
名叫金融的強烈颱風徘徊不去
我唯一的依靠啊！
消瘦的這世界
就算沒有面子
沒有豬和牛羊
還有我的骨
　我的肉

後記：東南亞女人常用肉骨茶，爲辛勞而佝弱的男人補身子……

——笠詩刊二一〇期　八十八年四月

紙傘

曾經，高高撐起南島一片天
悠悠訴説橫渡黑水溝的心情
遮掩前朝赤日烈陽的曝曬
抵擋著當前口水毒液的噴灑
東西風吹襲的速食街頭
不再有人需要細雨，舊情綿綿
編織，牛郎織女的夜空

在朦朧煙霧瀰漫的雨季
我獨自撐起一片油漬未乾的天空
等待，另一個千年
流行的起點

紀念品

兄弟鬩牆的陰森夜晚
月亮不禁慚愧掩面
繁星也躲在雲後哆嗦
北方夜魔趁機在你腰間吻上
結實的芳澤
夜裡的問候特別激動
迎面的鄉思竟是痛苦

熱血擦亮的星星特別耀眼
海沙吻過的烙印分外清晰
五顆發亮的星夢淚痕
依舊激動
他們從你腰間悄悄偷走

歲月的風霜

後記：金門古寧頭大戰在姨丈腰間留下五個彈痕的結疤，至今依稀可辨……

台北的夜

太陽蹣跚下班後
台北就披上鑲滿
金銀紅綠亮片的晚禮服
在燈紅酒綠裡
跳啊跳，轉啊轉
在天旋地轉中
迷失自我

當星星眨眨眼後
台北就綻開千萬個
人間金銀紅綠的大眼睛
眨著眼，閃啊閃
閃爍的大眼與小眼

訴説著台北的
繁華與人生

——葡萄園詩刊一四三期　八十八年八月

再別台中

時間就停駐在巴洛克式的火車驛站
百年風華猶存的柳川某巷
公園額角刻畫著千年不變的深度
混濁的池水一如混沌的天空
攪亂了池中初現的太陽倒影
舞台上唱和的依稀是三國的忠義
台下仰慕的眼神逐漸逃離
都擠進框框的科幻和煙幕酣戰的方城

時代巨輪闖進大肚山的芒草堆裡
聳立著商賈鉅富的豪情渴望
堆砌的是尋常百姓底歲月心血
墊底的是凡間疏離的天倫夢想
一花一草得攀附淺層的土壤

只有那一磚一瓦掙向天空出頭
萬畝良田種的不再是綠油油的秧苗
收割的依舊是黃橙橙的果實
銅牆鐵壁找不回失落的安全感
玻璃帷幕反射著世界的冷漠
阡陌縱横黑金
只剩重劃區內的青春永駐
溢出的歌聲依舊祝您歡唱愉快
如果你來，此處禁鳴喇叭
因為這裡有我最初及最終的愛憐。
唯一的例外——
是山麓教堂的鐘聲
它正敲響世紀末的警語
也敲擊著新世紀的大門

——台中風華現代詩評審獎
—台灣日報　八十八年五月廿一日

車過環市道路

車過環市道路
揚起一些過往的塵土，驚起
一路唧噹作響的鋁罐
一排世紀末的行道樹，紛紛
褪下二十世紀的舊裝
肅穆的向我行禮，道別
飄零的碎葉追逐著車輛過往
微顫的身軀掩飾不了
對千禧年的惶恐與期待

車過環市道路
人造水泥巨木，步步向田心繁殖
繁衍成灰白蒼茫的都市叢林

輝映著霧濛濛的天空
樹林裡，住滿素臉白鴿
艱苦的築巢工事之後，求愛
成了唯一理想
天空遼闊，不再
有人堅持翱翔

車過環市道路
一株倖存的稻禾佇立風中
在最後一畝稻田裡
奮力向我招手求援，呼籲
保存他唯一繁衍的慾望
我無意伸手
每個人都有的人生際遇
你有你的歸程，我有我的墓碑
我無意向巨大的怪手挑戰

車過環市道路
超速照相是我唯一來過的證據
泛黃模糊的相片，紀錄
我，無法辨識的年代
記載我正以時速九九的速度逃離

車過環市道路
如果你撿到我
一張遺失的泛黃照片
請務必奉還
那是我對二十世紀
山城，唯一的記憶

車過環市道路
一隻獨鳴的秋蟬驚起，沿著
黃昏的告示牌一路狂飆過去，墜入
華燈初上的茫茫燈海之中

——苗栗縣夢花文學獎佳作　八十九年六月

公車

嘴裡催促上道
冒出的都是烏言髒語
你，誰都可以上
你，不要把城市逼的太緊
他會崩潰

請勿橫衝直撞，因為
長官車隊正要通過
請禁鳴喇叭，因為
議員已經重聽
並拜請，等等我
不想和時間賽跑的人

史記課

上課囉！時光總是珊珊來遲
講台上，大學士正與太史公滔滔辯證
關於韓信的歷史定位
蕭何卻在門後悄悄殺入
圍牆關不住選戰陣陣告急的風聲
戰國時代的口水正在校園漫步

粉筆在黑板上綿延著戰事的紛雜
反覆推演戰役成敗的路線問題
台下學子喬裝成童子、宮妃
群集太史公門下，催促針砭當朝
大學士若有所思，嘎然而止
眾生齊問：下面呢

史公直言：沒有了。他說
歷史爭戰不斷重演
重複的課題不需隱瞞事實
亦無需重點整理
權力與慾望的持續消長

隱忍二千年的真相終於明白
對武帝的怨氣仍未消盡
太史公又鑽入史書中研究我們
死到臨頭的期末考題

別吵，霸王正在別姬
埋首大部頭裡
明天過後，活背或死記已無關緊要
成王敗寇不論英雄，都很經典

無形

撞倒一面冰冷的牆
清晨醒來，又昏睡過去
步出大門，一幢幢
五層、四層、三層、二層
四十五層、三十層、二十層、十層的牆
橫亙眼前
阻擋著我的去路
陰霾悄悄襲掩而來
蓋起天空灰白的屋頂
想逃回溫室
一扇小鐵牆拒絕我，只因
忘記帶出他的心事密碼
拼命向前奔跑

卻逃不出城市交錯的迷宮
　跌撞出滿身累累的傷痕

終於，我混濁的血液流出盆地
　在觀音的髮下，找到出口

——二〇〇〇年詩人節歷史博物館朗誦作品

狂飆少年

年輕的身影在夢想邊緣追逐
速度快感在風中的極限
生死的一念之際，瞬間
淚水與歡笑在背後捉迷藏
共渡
落葉時節愛恨的紛飛

你說
從兩峰間飆進歡愉之谷
只需一秒

我說
不戴安全帽　會死
不戴安全套　會生

廣　告

虛構的情節
填補我空虛的歲月
矯作的結構
測試你招架的功力
粉飾的詞藻
媚惑你判斷的能力
挑逗的字眼
考驗看倌的感情態度
晦澀不明的技倆
出賣監視者的靈魂

請刊登我
虛擬的謊言

《輯六》我最後的歌

影子

巨大的黑影竄過眼前
優雅的光線急於把我遺棄
將我的身影拉長於廣垠的沙漠
沒有人在他腦海移植
熱情和背叛的酵母菌
這孤寂城市迫切的需求
或許只是一場無聊的大雷雨
激情後的陰影

有個黑影在腦海閃過
未曾謀面的身形
巨大的形影
在南洋午後孤傲的望著

零式戰鬥機逝去背後
落日太陽旗飄搖的影子
歸鄉的外祖父
迷途的背影

在眼前晃過的巨人
少年離家的祖父
迷失在火燒島的身影
逝去年代噤聲的記憶
十年的吶喊　呼吸　日記
都用口沫寫在白牆上
蒼白的身影掛在白牆深處
找不到黑暗的出口

有個黑影在眼角閃過
巨大的身影
過去和未來的影子

在我當下的腦海中交會
撞擊出一絲詩剎那的光芒
然後　繼續他們未完的旅程
一個向前　一個向後
在時空的操場上競走

——刊於笠詩刊二一五期　八十九年二月十五日

桂林湮雨

我佇立在漓江遊船上
緩緩地向歷史的深處盪去
漸漸隱入迷濛中
一不留神就跌進
唐宋山水裡

——葡萄園一四二期　八十八年四月

牙膏

每天早起
蟄伏在無意識的空間
在水泥森林中求生存
管他
　黑人
白人
擠出的流金歲月
都一樣
蒼白

——文協會刊　八十八年五月四日

海螺

偌大天地間
只求容身一臥地
避風避雨避世

在混濁的浪潮裡
我只能隨波逐流
浪來時，隱入
潛沉的私密地
殼的堅硬足以阻隔大海
無情的潮弄

不要試圖煩擾我
吹響的螺聲
足以震聵你市儈的耳膜

——葡萄園詩刊一四六期　八十九年五月十五日

淡水河裡的浮萍

置身滔滔兩岸間
不知經歷多少寒暑
只有奮力掙扎
唯恐淹沒在浪花泡沫裡
陸地是那麼的遙遠
儘管盡心盡力
卻依然載浮載沉

在歷史洪流裡
我只是濤濤江水裡的一朵浮萍
若我老去
請把我植入土裡
看看可否長出一朵

白蓮

——刊於笠詩刊二一五期　八十九年二月十五日

父親

額前的紋路是
地震附送的縫隙
醞釀的地底火山
翻騰之餘
何時爆發不知
風雨飄搖六十餘載
始終不曾勾動天雷地火
始終潛沉
一座溫暖的休火山
寒天，我們沐浴在溫泉裡

油麻菜籽

生來就是這種宿命
死後成為春耕材料
至少
春天來臨前讓我
在這無聊的田地裡
揮灑一些顏色吧！
我的從容不讓
黃花

——笠詩刊二一〇期　八十八年四月

我最後的歌

在黑夜和黎明交接的時刻
如果我先足於兩岸間的激流
請記得乘龍舟將我撈起
裹以故鄉苑裡的草蓆
覆蓋一坏兒時黃土
上植一棵卑微的油桐
春天來臨時
將有雪花飄落
那是我送給土地最真的淚

——笠詩刊二一五期　八十九年二月

燈塔

遊子夢掏向城市的邊緣
在大海迷途的小舟
打聽著陸地的消息和港口
母親的呼喚

光明使者堅持
引領迷航的風帆
白色巨浪洶猛的打擊著他
黑色暗潮背地挖他牆角
他依舊挺立——
以一種傲岸的姿勢

繁星

獨具的慧眼
在眾聲喧嘩的城市裡
望穿黑暗瀰漫的雲霧
看見一個孤獨短暫的生命
引爆殞星的時空旅者

散落寂靜夜空
綴滿妳烏黑髮梢的星
是我，滄桑的靈魂
只為妳閃耀的
詩句

——葡萄園詩刊一四六期　八十九年五月十五日

附錄一：

倡議設立『台北現代詩史料館』

今年二月份，文壇重要的「傳記文學」創辦人劉紹唐先生，終於放下自己加諸自身，「一人敵一國」寫史與傳記的重擔，只因「不容青史盡成灰」。然而此時全島舉國上下正為選舉瘋狂，政府與民間對此事的反應與後續工作，冷淡的令人心寒；失憶之快，不讓科技之發展。大家都忘了選舉只是一時的激情，文化才是永遠的。

恰巧此時聯合晚報（作家劉俠女士也在聯副為文）披露：散文家張拓蕪先生在街頭販賣彩券維生（當然我們敬佩他自食其力的精神）；詩人周夢蝶先生仍生活清苦的租屋而居等等。還有其他更多不為人發現的例子。相較鄰國日本政府與民間對文人的重視與扶植（難怪他們有諾貝爾文學獎得主），真使自稱泱泱大國、以詩文立國的我們汗顏。

兩件事引發我的聯想。在我們愛詩人「詩的國度」裡，也有一位翩翩君子「一人敵一國」、「不容青史盡成灰」的詩人，人稱「詩壇活字典」（我稱其為地下詩料庫長）的前輩詩人張默先生。從與洛夫、瘂弦等草創《創世紀》詩刊開始，不歧不求的默默為詩壇付出（並促進兩岸詩壇之交流），收集詩的史料，並加以整理，超過四十五年的歲月，從不求回報。成立史料館或可繼其志業，減輕其負擔；並可由史料館肩起「年度詩選」的重任。

我認為，文學反映當代；文人書寫當代現象、並以當代文本文類書寫時代。古有詩經傳唱古民歌，而後楚有楚辭，漢有漢賦，唐有唐詩，宋有宋詞，元有元曲；然而明清兩朝共將近六百年的歷史，其中文人儘相模仿古詩詞，反而不易突破前人經營之格式、意境與意象，找到代表當代之文類。由此觀之，現代詩以中為本、以西為引，對於格式、意題、多文本、意象與意境之經營，皆獨立於四千年故成之文體外，而為當代特有之文類。勢為劃時代之創舉，政府與民間更應重視此能流傳後世、反映當代現象的文類。

而且，在大陸箝制思想、實行文化大革命的同時，華文現代詩也正在寶島自由的國度裡百家爭鳴、蓬勃發展。前輩因戰亂隔離的鄉愁詩以及在地的鄉土詩，都是當代的書寫。然而，在各界的漠視下，新詩的珍貴史料將越來越少，當對岸當局「有心」，已經於前幾年在四川廣漢成立「覃子豪紀念館」。覃先生可說是台灣詩壇導師之一，也在此發皇其詩學，當局竟也無心去成立。在此地中小學加強當代文學教育的時候，希望以後大學研究現代詩的學生們，不必奔波大陸各地蒐集資料

（但也比無資料好吧）。

所以，在此倡議設立「台北現代詩史料館」（在宜蘭已有地方戲曲館設立的前例）。為了保存當代珍貴詩的史料手稿及文物等，可聘請知名前輩詩人設立委員會主持選藏；並由市政府出資與場所（如市立圖書館之一室）或企業資助成立財團法人設立皆可。果如此，台北或將成為兩岸與海外（葉維廉教授説過—台北是現代詩之長安，長安不見使人愁）研究華文現代詩與發祥的重鎮。因為這裡含有詩人與老朋友及創作發祥地的多重情感。

試想，如果現在長安保有「古唐詩史料館」，當我們看到李白的酒杯或杜甫的烽火家書等時，能不動容嗎？豈是千金能買、萬金可抵？

——創世紀一二三期　二〇〇〇年夏季號

附錄二：

早期作品

渴望

日子是平靜的湖面
不見波濤
不見暗湧
連岸樹也捨不得
落下一葉的激動
更別擔心微風是否
吹的起一臉的皺紋

——笠詩刊一四四期 七十七年四月

離別

每當分手
天空總潤著紅霞
映在
我眼中

每當分手
天空總下著小雨
雨點打在
我臉上

霞紅伴小雨的天氣
是怎樣的心情啊？

——中華日報副刊　七十五年七月二十二日

分手後

倚窗沉思時
眼前突然
飄過一襲白影
是妳嗎？
白紗女孩

探首窗外
卻不見妳的倩影
哦！原來只是
一朵流浪的雲
不經意地勾起我的
思念

——中華日報副刊 七十六年十二月十九日

我

渴望太陽的熱情
渴望微風的柔情
渴望小雨的激情
渴望微風打破沉默
甚至只是
任何微渺的感動

——笠詩刊一四四期　七十七年四月

基隆河上洪水的話

（七十六年光復節基隆河水暴漲………）

今天是你們
也是我們的光復節
感謝琳恩颱風
把我和同胞們
團結在一起
（你們不是常說：
　團結力量大嗎？）
一路
從基隆
狂飆而下
光復不少被你們
霸佔的失土

感謝你們
在起跑點就
把礙手礙腳的
森林草地
剷除了
讓我們暢所欲游

感謝你們把
煤渣　廢土
垃圾　豬糞
丟進基隆河裡
給我們當踮腳石
趁勢
到你們的
家園
城市裡

逛一逛

感謝你們不懈的幫助
我們實在很想
光復
大台北盆地
那遠古的大沼澤
原是
我們的故鄉

——笠詩刊一四四期 七十七年四月